REFLEXIONS

SUR LE

GOUVERNEMENT DÉMOCRATIQUE,

ET LES ÉCUEILS QU'IL Y FAUT ÉVITER,

Avec des Notions sur

L'ARISTOCRATIE, LES FACTIONS,
L'OCHLOCRATIE, L'ANARCHIE,
LA DÉMAGOGIE, L'OLIGARCHIE.

DÉDIÉES A LA JEUNESSE PARISIENNE,

PAR D. BLANQUI,

Du Département des Alpes - Maritimes,
Député à la Convention Nationale.

A LA JEUNESSE PARISIENNE.

Ornement de la société, espoir de la patrie, soutien de la république, JEUNESSE PARISIENNE, agrée l'hommage que je t'offre dans les réflexions suivantes sur le gouvernement démocratique. A qui pourrois-je mieux les offrir qu'à toi, qui te déclares le défenseur zélé de la démocratie et de la convention nationale.

D. BLANQUI,
Représentant du Peuple.

RÉFLEXIONS

SUR LE
GOUVERNEMENT DÉMOCRATIQUE,
ET LES ÉCUEILS QU'IL Y FAUT ÉVITER,
Avec des Notions sur

L'ARISTOCRATIE, LES FACTIONS, L'OCHLOCRATIE, L'ANARCHIE, LA DÉMOGAGIE, L'OLIGARCHIE,

DE LA DÉMOCRATIE.

LORSQU'UN peuple se gouverne par lui-même, immédiatement, si sa population le lui permet, ou par la voie de représentans librement élus par lui, et au milieu de lui, si la trop grande étendue du sol et une population disséminée ne le lui permet pas;

Lorsque, parmi ce peuple, il n'existe d'autres distinctions que celles du mérite, des talens, de la morale, des vertus, et que chaque citoyen est appelé indistinctement à remplir toutes les fonctions du gouvernement dépendamment à ses connoissances, et aux qualités ci-dessus énoncées;

Lorsque chaque citoyen est absolument maître d'exercer ses droits naturels et politiques, tels qu'ils sont proclamés dans la table des droits de l'homme et du citoyen;

Enfin, lorsque l'universalité des citoyens se gouverne par des loix librement émanées de la majorité des représentans, et consenties par le peuple; un tel gouvernement s'appelle républicain-démocratique. Tel est le nouveau gouvernement français institué par la convention nationale, et accepté par la nation entière.

Ce gouvernement, lorsqu'il est véritablement tel que je viens de le définir, est le meilleur de tous, parce qu'il est plus analogue à la nature de l'homme et aux principes de la justice éternelle. Il est aisé de voir que ses bases fondamentales sont: la liberté, l'égalité, la justice, et que toutes les autres vertus en sont le soutien.

A la naissance d'un gouvernement démocratique, il ne peut y avoir dans la société que deux classes de citoyens; savoir: les riches et les pauvres.

J'appelle riches ceux qui tiennent de la fortune ou de leur industrie, assez de revenus pour satisfaire à tous les besoins de la vie, même avec du superflu.

Je range dans la classe des riches, ceux

dont la propriété est fille de l'industrie, tels que les artistes, artisans, et généralement tout citoyen exerçant une profession utile. En effet, dans une république, où le travail est un devoir, la fainéantise un vice, et la frugalité une vertu, il est incontestable que tout citoyen attaché à une profession, a la perspective assurée de se mettre au-dessus des besoins, même avec du superflu; il est donc riche : je dis plus, il est plus riche que celui qui ne tient sa richesse que de la fortune, car la flamme peut consumer la maison de tel propriétaire, le fonds de boutique de tel marchand; une grêle moissonner l'espérance de tel fermier; une faillite, un naufrage détruire les ressources de tel commerçant; et alors que deviennent tous ces malheureux? La misère la plus complette les attend. Mais l'homme à profession est au-dessus des coups du sort, ses ressources sont avec lui, elles sont intarissables, et ne s'épuisent qu'avec sa vie; il est donc plus riche que les premiers.

Quant aux hommes opulens et à fortunes colossales, je n'en parle pas, parce qu'il ne devroit jamais y en avoir dans une république démocratique. Qu'on se souvienne que Rome ne perdit sa liberté que quand il y eut dans son sein des hommes assez puissans pour pouvoir l'acheter. La famille de *Médicis* ne parvint au trône de Florence qu'après avoir acheté la majeure partie des citoyens de la république.

Mais, s'il s'en rencontre dans une démocratie, faut-il faire comme ont fait dans ces derniers temps nos cruels *oligarques*, c'est-à-dire, les massacrer? Anathême à ces expédiens dignes des antropophages. Un bon législateur doit, sans secousse et sans injustice, faire refluer dans la société les richesses colossales. La loi de la convention nationale sur les successions remplit ce but en partie. Peut-être seroit-il politique de fixer un terme de propriété fonciere, au-delà duquel il fut défendu d'en acheter davantage, pour empêcher les grands propriétaires d'envahir par leur superflu les biens du plus grand nombre.

J'appelle pauvres, ceux qui, par les suites d'un gouvernement, auquel on vient de substituer la démocratie, gouvernement qui panchoit par essence à favoriser exclusivement une portion privilégiée de la société, n'ont pu se procurer une ressource dans une profession utile, et n'ont vécu par conséquent que du luxe des hommes puissans, ou des suites des abus de l'ancien gouvernement.

Au commencement de la démocratie, la société doit des secours à ces hommes, en les employant, conformément à leur capacité, à des travaux utiles, pourvu toutefois qu'ils ne s'en rendent indignes par leur conduite. Mais lorsque la démocratie est consolidée, lorsque les institutions nationales ont fourni à chaque pere de famille la facilité d'enrichir ses enfans d'une bonne éducation, et de l'exercice d'une profession, alors il ne peut plus y avoir dans la république qu'une seule classe de citoyens : la pauvreté doit disparoître ; et s'il existe encore des pauvres, c'est qu'il y a des fainéans qui ne méritent aucun égard.

Dans son établissement, la démocratie se trouve ordinairement pressée entre deux écueils, l'*aristocratie* d'un côté, et l'*ochlocratie* de l'autre.

De l'Aristocratie.

Lorsque les fonctions du gouvernement sont remplies exclusivement par une portion de citoyens, qui veulent être distingués des autres par ce qu'ils appellent *naissance*, ou par l'opulence ; lorsque ces fonctions tournent sans cesse dans le cercle étroit de ces hommes sans jamais en sortir, ou n'en sortant que rarement ; lorsque les revenus du trésor public, puisés dans la bourse de chaque citoyen, sont versés à pleines mains sur ces êtres privilégiés ;

Enfin, lorsque tous les honneurs et bénéfices découlant des charges de l'état, ne tournent qu'à leur profit particulier ; un tel gouvernement, soit qu'il ait un chef appellé *roi*, soit qu'il ait un centre appellé *sénat* ou *conseil*, d'où émanent les loix, les faveurs et les places, s'appelle *aristocratique*, et les hommes qui l'exercent, ou le chérissent, s'appellent *aristocrates*.

Il n'est pas besoin de démontrer que ce gouvernement est injuste et vexatoire ; pour s'en convaincre, on n'a qu'à le comparer avec les droits de l'homme puisés dans la nature.

Lors d'une révolution, les hommes qui, sous l'ancien régime, profitoient exclusivement de toutes les institutions du gouvernement, ne manquent jamais de réunir leurs efforts et tout entreprendre pour le rétablir. C'est ce que nous avons vu au commencement de notre révolution. Aujourd'hui, malgré qu'on affecte d'en dire, il ne peut plus servir que d'épouvantail de la part des malveillans. Les ressources des aristocrates sont épuisées, et leurs espérances détruites sans retour ; je l'annonce avec confiance à mes concitoyens :

l'aristocratie n'est plus à craindre; mais il n'en est pas de même de l'*ochlocratie*.

De l'Ochlocratie.

Lorsque des hommes vicieux, sans mérite, sans talens, sans connoissances, parviennent à s'emparer de toutes les branches du gouvernement, après en avoir chassé les citoyens probes, vertueux et instruits ; lorsque ces hommes ne prennent les intérêts que de ceux qui leur ressemblent, et ne portent aux places que leurs pareils ; lorsque la république entiere est gouvernée par des loix émanées de ces hommes, ou influencées par eux, le gouvernement s'appelle *ochlocratique*, et ceux qui l'exercent, ou le propagent, *ochlocrates*.

Tous les politiques conviennent qu'un pareil gouvernement est le pire de tous, sans en excepter même le *despotique*, puisque l'incapacité en est la base, et les vices le soutien.

Quand les gouvernans sont ignorans, le gouvernement doit être un cahos plutôt qu'une administration : quand ils sont sans vertu, ils doivent être sujets à toutes les passions les plus basses et les plus viles ; de là les vols, les rapines, les vengeances, les proscriptions ; quand ils sont sans lumieres, ils doivent détester, persécuter, proscrire les hommes éclairés, les savans, les citoyens à talens, les sciences, les arts. En un mot, un tel gouvernement n'est que le triomphe continuel du vice sur la vertu, du crime sur la probité, de l'ignorance sur la capacité.

Des symptômes et des résultats de l'Ochlocratie.

La démocratie tient le juste milieu entre l'aristocratie, et l'ochlocratie, qui en sont les deux extrêmes; mais il est bien difficile qu'au sortir d'un gouvernement aristocratique, on ne se jette dans l'extrême opposé; nous venons d'en faire la funeste expérience.

Des hommes ambitieux, astucieux, perfides, n'ignorent pas qu'une révolution fait bien des malheureux dans l'instant, sur-tout dans la classe indigente du peuple, ne fût-ce que ceux qui ne devoient leur subsistance qu'au superflu des hommes puissans, et aux abus du gouvernement; ils n'ignorent pas qu'en flattant ces hommes, s'apitoyant sans cesse sur leur sort, affectant un langage populaire, ou pour mieux dire *populacier*, en outrant les principes de la démocratie, ils passent aux yeux du plus grand nombre, qui malheureusement ne raisonne pas, et dans l'esprit des citoyens moins aisés, qui ne sont que trop nombreux, pour des bons citoyens, des patriotes par *excellence*; ainsi on les croit des démocrates purs et zélés, et ils ne sont dans le fond que des ochlocrates. C'est ainsi que par une fausse et astucieuse popularité ils se frayent la route à l'oligarchie, jusqu'à ce que le plus habile et entreprenant d'entr'eux, en renversant tous les autres, parvienne au despotisme *monarchique*.

L'ochlocratie a donc pour symptôme la *démagogie*, et pour résultat l'*oligarchie*, et le *despotisme*.

De la Démagogie.

Les hommes faussement populaires, dont je viens de parler, s'appellent *démagogues*. Leur langage n'est qu'une affectation continuelle de commisération pour les citoyens indigens, qu'ils soulagent par de grands mots, et ruinent par des mesures désastreuses. Quoique nageant dans l'aisance, et souvent dans l'opulence, cependant pour se donner l'air de la plus grande popularité, ils endossent le costume de la misère, ou plutôt de la saloperie. La flagornerie la plus rampante et la plus dégoûtante est leur arme favorite. Ils n'ignorent pas que c'est en les flattant que les courtisans parviennent à maîtriser les rois, et les gouverner à volonté. Ce sont les courtisans du nouveau régime. *Peuple souverain qui m'entends*, disoit un célèbre démagogue, en s'adressant à une poignée de femmes stipendiées par son parti pour applaudir dans les tribunes. C'est ainsi qu'ils corrompent la morale du peuple pour parvenir à leurs desseins.

S'il se présente une occasion favorable pour faire valoir leur prétendue popularité, ils la saisissent avec empressement; si elle ne se présente pas, ils la font naître par des incidens tiraillés. Si une mesure offre l'apparence d'utilité publique, et ne renferme dans le fond qu'un mal réel, ils s'attachent préférablement à l'apparence, n'importe que le peuple en soit la victime; ils savent que le grand nombre ne juge que sur l'apparence, et c'est assez. Les mots *bien du peuple, intérêt du peuple, salut du peuple*, ne sont que dans leur bouche; l'intérêt personnel est dans leur cœur.

Sous le nom de peuple, ils n'entendent pas l'universalité des citoyens, mais la totalité de leurs partisans, et ils se reglent en conséquence. Pour les distinguer, ils inventent des dénominations arbitraires. Les noms d'aristocrates et de royalistes, ils ne les donnent pas à ceux qui le sont véritablement, mais à ceux qui ne sont pas de leur parti; et si l'on veut s'enrôler sous leurs drapeaux, on sera impunément aristocrate et royaliste à son aise. Si le public ne prend pas le change, ils inventent des nouveaux sobriquets, tel que *modérés, indulgens, muscadins et sans-culottes*; et de cette maniere ils réussissent à entretenir la division, sans laquelle leur but seroit manqué.

Cependant, s'il vouloit se donner la peine de raisonner, le *sans-culotte* verroit que la grande part que les démagogues semblent prendre à son sort, est directement opposée à ses véritables intérêts, et qu'elle ne consiste, dans le fond, qu'à le tenir dans un état continuel de pauvreté; car, du moment qu'il en sortiroit par son industrie, il seroit rangé dans la classe des *muscadins*, et dès lors il auroit les démagogues contre lui. Mais, comme je l'ai dit, le mot seme la division, et, à travers les divisions, ils arrivent à leur but. *Machiavel* leur a appris que pour régner, il falloit diviser.

Cette tactique a été la même dans tous les temps, et dans toutes les républiques, à Athenes, à Rome, à Florence, à Pise, à Gênes; il falloit bien qu'elle fût aussi employée en France.

Toutes ces jongleries ne manquent pas de recruter des partisans aux chefs; mais pour en augmenter le nombre, ils n'oublient jamais le puissant ressort de l'intérêt particulier, par des promesses insidieuses, et la perspective des propriétés, des places, d'honneurs à obtenir. On sait pendant combien de temps à Rome les séditieux travaillèrent le peuple par l'appât de la loi agraire, dont les *Gracques* furent les victimes. Le même moyen a été employé en France, mais avec aussi peu de succès qu'à Rome, par ceque c'est une mesure subversive de la république.

Le célebre démagogue romain, *Sp. Maelius*, qui aspiroit à la royauté, faisoit distribuer, à la multitude, des grains qu'il avoit eu la prévoyance d'accaparer. Nos démagogues modernes se gardent bien de payer la popularité de leur bourse., ils présentent tout-au-plus le pillage, et le vol sur les riches, et ils tiennent parole.

La cupidité ainsi réveillée, tout ce qu'il y a d'hommes pervers, audacieux, entreprenans, immoraux, bref, le rebut de la société, se jette en foule dans le parti, au gré des démagogues, et la *faction est formée*.

Salluste nous fait la description de la moralité des partisans de *Catilina*. On diroit qu'il a fait l'histoire de nos démagogues modernes, si ces derniers n'avoient réussi malheureusement dans leurs projets.

Des Factions.

La collection des individus professant la même doctrine que les démagogues, et rangés sous leurs drapeaux, s'appelle *faction*, et chaque individu en particulier, *factieux*.

Dès que la faction est formée, il se fait un accord tacite entre les chefs et les sectaires, pour se soutenir mutuellement, et arriver ensemble au même but, l'*ochlocratie*.

Les sectaires s'engagent à soutenir leurs chefs dans les assemblées, dans les sociétés, dans le public, par des applaudissemens à tout ce qu'ils proposent, par des éloges, par des voies de fait, s'il le faut, jusqu'à ce que, dans les délibérations et dans les mesures de gouvernement, ils aient obtenu la prépondérance. De leur côté, les chefs s'engagent à prendre en toute occasion la défense des factieux, les soutenir dans leurs menées, et les récompenser à la fin de la carriere, si elle tourne à leur avantage. C'est une conspiration sourde, qui doit acquérir de la consistance jusqu'à ce que le temps d'éclater en soit venu.

Le moyen le plus efficace, employé par la faction pour arriver à son but, c'est l'*anarchie*.

De l'Anarchie.

L'ANARCHIE est un état de désorganisation dans la société, pendant lequel les lois sont muettes ou inexécutées, les mesures de gouvernement inefficaces, et tous ses rouages croisés par la résistance, ou le froissement des factieux. Pour arriver à cet état, voici comment ils s'y prennent.

Dans les assemblées, soit suprêmes, soit intermédiaires, soit populaires, le petit nombre des factieux oppose une résistance scandaleuse à toutes les mesures, loix, décrets ou arrêtés que la majorité voudroit adopter; en les présentant comme pernicieux, désastrueux, et contraires à l'intérêt du peuple. Ils offrent de leur côté des mesures toutes en faveur de leur parti, justes ou injustes, n'importe. Si la majorité persiste, ils réunissent à la fois, toutes leurs voix ensemble, et par des vociférations horribles, des mouvemens convulsifs, des cris perçants, des menaces redoublées; le tout accompagné des hurlemens de leurs affidés apostés dans les tribunes, ils cherchent à effrayer la majorité. S'ils ne réussissent pas, ils se lèvent tous ensemble, et se mettent en insurrection.

D'une autre part, les sectaires se répandant dans les sociétés et dans les groupes, invectivent contre la majorité, la présentent sous les couleurs les plus noires, et s'efforcent de lui enlever la confiance générale. Par-tout, ils suscitent des troubles, sèment des mécontentemens, fomentent des divisions, forment des complots, exaspèrent les esprits, et font agir jusqu'aux ennemis communs, en déversant l'odieux de toutes ces manœuvres sur la majorité qui gouverne; ils s'attachent sur-tout à dénigrer et perdre les hommes, qui, par leurs talens, leurs vertus et autres moyens, ont plus d'ascendant sur la majorité. Dans cet état d'anxiété et de perplexité, les loix sont sans vigueur, les administrations sans énergie, le mal augmente au gré de leur desir; et ce mal, ils le déversent encore sur la partie gouvernante.

Ces scenes, répétées plusieurs fois, ne manquent pas d'un côté d'effrayer les hommes foibles qui peuvent se trouver dans les assemblées; de l'autre, de lasser les amis de la paix, et réduire au silence les uns et les autres. Alors gagnant du champ les factieux, toujours hardis et entreprenans, toujours audacieux, deviennent sûrs de dominer, et l'ochlocratie s'organise.

Si ces moyens ne suffisent pas, ils en viennent aux voies de fait; ils combinent des insurrections partielles, que, si elles

réussissent, ils sauront bien réduire, bon gré et mal gré, en insurrection générale. *Machiavel*, dans son histoire de Florence, leur en a fourni des exemples.

Aussi-tôt que les démagogues sont parvenus à la tête du gouvernement, leur premier soin est d'organiser l'ochlocratie. Les magistrats élus par le peuple sont chassés de leurs fonctions et remplacés par des hommes dévoués à leur parti. Le peuple n'est plus rien, la faction devient tout, la démocratie finit, et l'ochlocratie commence.

Une autorité usurpée par le crime ne peut se conserver que par la terreur. Aussi la terreur est la pierre angulaire de l'ochlocratie.

Si l'on veut connoître les suites d'un gouvernement ochlocratique, on n'a qu'à jetter les yeux sur ce qui s'est passé la deuxieme année de la république, et je serai dispensé d'en faire le détail.

Je suis intimement convaincu que les ennemis du dehors ont eu la plus grande part à l'établissement de l'ochlocratie en France, afin que les Français, poussés par leur ruse, dans l'écueil de la démocratie qu'ils n'appercevoient pas, se dégoûtassent entièrement d'un régime démocratique, et se façonnassent avec moins de répugnance, et plus de soumission à l'autorité monarchique. Eh bien! poursuivons avec autant de sévérité les ochlocrates, que les aristocrates et les royalistes, et les ruses de nos ennemis seront encore déjouées.

Dans une ochlocratie, les hommes qui sont en place, sont incapables d'administrer, parce que l'incapacité en est la base; et, comme l'ignorance est la mère de la suffisance, il en résulte que chaque fonctionaire public se croyant un grand homme, et voulant gouverner à tort et à travers, le gouvernement devient bientôt un cahos inextricable où l'on ne se reconnoît plus. De là *l'oligarchie*, qui succede immédiatement à l'ochlocratie.

De l'Oligarchie.

La confusion dans toutes les parties de l'administration publique, suite inévitable de l'incapacité des administrateurs dans une ochlocratie, nécessite les démagogues, et c'est ce qu'ils vouloient, à concentrer le pouvoir entre leurs mains, et faire ensuite main-basse sur tout ce qui s'oppose à leur volonté suprême. Leurs anciens partisans ne sont pas plus épargnés que les opposans. Les fameux ochlocrates, Hébert, Vincent, Chaumette et tant d'autres, se seroient-ils jamais attendus à périr sous les coups de leurs anciens chefs, pour lesquels ils avoient si bien combattu? Cependant ils auroient dû s'y attendre, s'ils avoient bien connu la nature de leur nouveau gouvernement; ils auroient dû s'y attendre, si l'ignorance n'étoit la devise des ochlocrates.

Les démagogues n'aspirent par leurs jongleries qu'au pouvoir suprême. Y sont-ils parvenus? alors il ne leur faut plus que des adorateurs, ils ne souffrent plus de compétiteurs, pas même des contradicteurs; et s'ils en rencontrent, ils les renversent tous impitoyablement. Le prestige est passé, l'autorité seule est leur dieu. Tout ce qu'on peut attendre d'eux, c'est de subordonner l'ochlocratie qui les a servis, à l'*oligarchie* qui les dévore. C'est ainsi que s'appelle leur nouveau gouvernement.

Le premier soin des oligarques, c'est de se choisir des colloborateurs dociles et façonnés à leur ambition, car ils sont jaloux de l'autorité, même entr'eux. A *Athenes*, sous l'oligarchie des trente tyrans, à *Rome*, sous celle des décemvirs, enfin, à *Paris*, sous celle des deux anciens comités, deux ou trois seulement étoient les grands meneurs, le reste leur étoit vendu et dévoué; mais l'ensemble en est-il moins coupable?

S'il existe dans la république une autorité qui puisse balancer celles des oligarques, ils en sont ombragés, et s'attachent à la comprimer, à l'anéantir par la terreur. A *Rome*, les décemvirs faisoient trembler le sénat. A *Paris*, ils faisoient trembler la convention. Mais les oligarques de Rome n'ont jamais mutilé le sénat romain comme les oligarques français ont mutilé la convention nationale. L'ambition étoit la même, mais ici l'audace a été plus grande. D'ailleurs, les oligarques romains n'ont jamais fait couler le sang par torrens comme les oligarques français, et cependant leur mémoire est en exécration.

Quand l'oligarchie est bien assise, les chefs finissent presque tous par se battre entr'eux par jalousie d'autorité; si toutefois on leur en donne le temps; l'ambition les a poussés à concentrer le pouvoir entre les mains d'un petit nombre; la même ambition les pousse à le concentrer toujours d'avantage, jusqu'à ce qu'il parvienne enfin entre les mains d'un seul, qui est d'ordinaire le plus ambitieux et le plus entreprenant de tous.

Quand ces divisions éclatent entre les oligarques, il n'y a que deux résultats à attendre, ou de les voir tous culbutés, ou de tomber sous la domination d'un tyran. A Rome, après que les triumvirs se furent partagé la république, ils finirent par se battre ensemble; un seul triompha, et la république fut perdue. En France, le dénouement a été plus heureux, graces à l'énergie de la convention nationale, et au patriotisme des véritables Parisiens; le 9 thermidor a vu s'écrouler l'échafaudage de la plus horrible oligarchie qui ait jamais existé, et la démocratie a repris son empire juste et bienfaisant. Après cette époque, les restes impurs de l'ochlocratie et de l'oligarchie ont fait et font encore les plus grands efforts pour se renouer et se ressaisir de l'autorité; mais la convention nationale est là, et les Parisiens, ainsi que tout le peuple français derriere elle, pour assommer ce monstre destructeur, et empêcher qu'il ne se releve plus pour le malheur du genre humain.

Ainsi donc le vaisseau de la démocratie marche sans cesse entre deux écueils également redoutables, d'un côté l'aristocratie, et de l'autre l'ochlocratie, dont le résultat est l'oligarchie. C'est à la convention nationale à tenir le gouvernail d'une main ferme, pour les éviter tous les deux. Que le peuple la seconde, et le vaisseau entrera triomphant dans le port, à la satisfaction de tous les républicains.

Après le 2 juin 1793, v. s., le vaisseau a donné dans l'écueil de l'ochlocratie; le 9 thermidor, il s'en est retiré glorieusement. Alors il étoit d'autant plus difficile de reconnoître le danger, que parcourant une mer inconnue, le plus grand nombre ne l'appercevoit pas. D'ailleurs le langage des démagogues étoit si séduisant, si mielleux, si astucieux, il ressembloit si bien à celui du démocrate le plus pur, que nombre de clairvoyans ont donné dans le piege. Que cette faute nous serve de leçon à tous!

Le centre de l'ochlocratie étoit aux *jacobins* et afiliés. C'est là qu'affluoient tous les ochlocrates de la France pour se faire bréveter au prix de 12 liv. et refluer ensuite sur tous les points de la république, y exercer le ravage ochlocratique.

Dans cette premiere dévastation, ils ont immolé une immense quantité de citoyens qu'ils savoient bien n'être ni aristocrates ni royalistes; mais, pour en avoir les dépouilles, ils les ont appelés *fédéralistes*, *modérés*, *indulgens*, &c. Il est enfin tems de le dire, la majeure partie de ces victimes étoient des démocrates purs, qu'on a sacrifiés à l'ochlocratie, devant laquelle ils ne vouloient point se courber.

Les institutions de comités révolutionnaires, d'armées révolutionnaires, de commissions révolutionnaires, et tant d'autres, étoient toutes ochlocratiques.

Après le supplice des fameux ochlocrates, Hébert, Chaumette et consorts, l'ochlocratie a fait place à l'oligarchie, ou plutôt elle lui a été subordonnée. Alors les proscriptions ont redoublé, parce qu'à mesure que le pouvoir se concentre, il faut plus de victimes et de terreur pour l'affermir. D'ailleurs il y avoit deux ennemis à poursuivre, les *anti-ochlocrates* et les *anti-oligarques*.

Le centre de l'oligarchie étoit pareillement aux *jacobins* et affiliés. C'est là où les oligarques dominoient impérieusement ; c'est là où ils préparoient, façonnoient, digéroient et faisoient valoir leurs mesures tyranniques ; c'est de là qu'ils régnoient sur la convention, et partant sur le peuple français ; enfin, c'étoit là leur trône, leur force, leur soutien, leurs gardes, leurs armées.

Le centre de la démocratie a toujours été la convention nationale ; et ce n'est qu'en la comprimant, qu'en la mutilant, qu'en la terrorifiant, qu'on a pu parvenir à asseoir les bases de l'ochlocratie et de l'oligarchie.

La majeure partie de ses membres, ceux-là même qui, séduits par le langage perfide des démagogues, n'ont pas tardé à reconnoître le danger, à sonder la profondeur de l'abyme sur lequel ils panchoient, et le 9 thermidor, ils s'en sont glorieusement retirés en renversant les audacieux oligarques qui les y avoient insensiblement poussés. Depuis cette époque, ces derniers ne cessent de crier à la réaction, à la contre-révolution. Certes, c'est bien une contre-révolution pour eux, qui s'étoient appropriés tous les fruits de la révolution; mais ce n'en est pas une pour le peuple et pour la démocratie, qui n'ont fait que se ressaisir des droits que les traîtres leur avoient usurpés.

Est-ce une réaction que de poursuivre les usurpateurs, les voleurs, les assassins, les contre-révolutionnaires? Non, la justice est la base de la démocratie, comme le cannibalisme l'est de l'ochlocratie; tous ceux qui sont les amis de notre révolution, sont les amis des démocrates; l'erreur n'est point un crime à leurs yeux, comme elle l'étoit aux yeux des oligarques, et en cela ils ont une chance plus heureuse, que la générosité démocratique veut bien leur accorder. Mais les traîtres, les voleurs, les assassins du peuple n'auront jamais ni paix ni trêve avec les démocrates.

A les entendre, on diroit que le vaisseau va donner dans l'écueil opposé. Non, le vaisseau de la république marche à présent sur la ligne de la démocratie, et, si un danger le menaçoit, je serois des premiers à donner l'allarme, comme quand, après le 2 juin, je l'ai vu courir à pleines voiles sur l'écueil de l'ochlocratie.

Et toi, peuple Français, toi sur-tout, peuple de Paris, qui es le plus à portée de juger des principes qui dirigent la convention nationale, et n'oublies pas ce qu'il t'en coûte quand tu l'abandonnes à elle seule, serres-toi autour d'elle, prêtes-lui ta massue, et sois tranquille sur le sort de la république.

BLANQUI.

De l'Imprimerie de F. PORTE, rue J. J. Rousseau, N°. 11, vis-à-vis la Poste.

www.ingramcontent.com/pod-product-compliance
Lightning Source LLC
Chambersburg PA
CBHW060636050426
42451CB00012B/2616